AF357209

ADVIS

donné au Prince D. Pedro par vn de ses Ministres sur l'estat de Portugal.

en 1677.

SEIGNEVR.

DANS le temps que Vostre Altesse veut bien communiquer à son Conseil, les intentions glorieuses qu'elle a pour la paix, & le repos de la Chrestienté; la passion de fidelle Ministre m'oblige à interrompre le cours de ses nobles pensées, pour engager V. A. à les arrester vn moment sur l'estat present du Portugal, & sur les auantages qu'elle pourroit luy procurer, dans des conionctures que le Ciel semble luy faire naistre, par vn effet de cette ancienne protection dont il a tant de fois ressenti les effets.

Mais, Seigneur, comme l'amour de ma patrie, & mon attache inuiolable au seruice de V. A. sont les seuls motifs qui me font prendre cette liberté; j'espere qu'ils obtiendront vostre agrément, & qu'à l'exemple du plus 1 auguste Senat de la terre V. A. permettra à ceux qui ont l'honneur d'entrer dans son Conseil, de ne pas donner seulement leur aduis,

A

auis, sur les choses proposées, mais de representer respectu-
eusement tout ce que le zele peut leur inspirer d'auantageux
& d'vtile au bien de l'estat.

V. A. pretend bastir vn temple à la paix vniuerselle , &
c'est vn ouurage digne de sa pieté,& de celle des Roys ses ancestres ; Mais auant que de pouuoir trauailler vtilement à
vne si glorieuse entreprise,il est necessaire de prêdre vne derniere resolution sur vne affaire agitée bien des fois , & de laquelle tout ce que vous formerez de grãds desseins, ne sçau-
roit estre qu'une suite.

C'est de sçauoir si le Portugal en l'estat qu'il est, doit
entretenir la paix auec la Castille, ou luy declarer la guerre.

Ceux qui appuyent leur parti du nom specieux de la paix,
se seruent de deux raisons.

La premiere est celle de la justice,& de la foy publique,
fondée sur vn traité de paix solemnel,que V.A. semble estre
obligée d'obseruer, & de faire obseruer en toutes ses parties,
à moins que de vouloir blesser en mesme temps la justice, sa
conscience,& les sermens qu'elle a faits.

La seconde est fondée sur le bien general de cette paix,
pour l'obtention de laquelle on a trauaillé tant d'années,
& prodigué tant de sang & d'argent : sur le repos qu'elle doit
procurer à ses suiets, sur la cessation des violences,& des de-
sordres , que la guerre entraine necessairement apres elle,
& sur tous les autres auantages , qui sont les fruits ordinaires
de la paix.

Ce sont la, Seigneur, leurs raisons les plus solides, dont je
pr étens faire connoistre la nullité a V. A. & luy justifier
qu'elles ne doiuent estre de nulle consideration , par l'estat
dans lequel se trouue le Royaume; que tous les motifs qu'on
allegue pour les soûtenir, (quoyqu'ils puissent estre d'vn
grand poids en d'autres occasions) n'ont aucune force ny
fondement, à l'égard de la paix que nous entreténons auec
la Castille, & qu'on ne les doit approuuer, ny admettre ;
mais

mais aprehender comme des difpofitions manifeftes à no-
ftre deftruction.

Ie ne pretens pas répondre à vne infinité d'autres , qui
n'ayant que l'apparance, ny d'autre fondement que l'inte-
reft de quelques particuliers, ne meritent aucune confideration,quand il eft queftion du bien public : dont on ne doit
pas neantmoins laiffer de craindre infiniment les furprifes,
parceque le venin qu'elles renferment eft d'autant plus dã-
gereux qu'il eft caché.

Ie croy que fuiuant les loix les plus facrées , & établies
par vn commun confentement des hommes, V.A.peut rompre la paix faite auec la Caftille, & luy declarer la guerre ,
fans offencer la juftice, ny faire tort à fa confcience,ce traité n'en eftant qu'vne vaine idée. En effet nous ne voyons
point l'execution de fes articles les plus importans à voftre
Couronne, nous voyons l'infraction des plus faints , & des
plus effentiels : & s'il y a aucun engagement pour V.A. dans
ce traité,ce n'eft que de vanger les injuftices qu'on vous a
faites dans fon inexecution.

La premiere injuftice faite par les Caftillans, eft l'vfur-
pation du nom de Roy de Portugal, par laquelle ils ont donné atteinte au droit de Majefté.

Ce qui fe juftifie par les inftances du Marquis d'Aron-
ches Ambaffadeur de V. A. à Madrid , qui furent fuiuies de
l'expedition d'vn decret , par lequel,en confideration de la
paix faite auec le Portugal, on defendit de donner au Roy
Catholique dans les actes publics la qualité de Roy de Portugal. Mais ce commandement n'eftant point obferué dans
tous les Tribunaux de Madrid(comme le Marquis de Gouea
le prouua par la reprefentation d'vn jugement du Confeil
Royal, dans le quel on nommoit encore le Roy de Caftille,
Roy de Portugal) il en demanda l'execution,& qu'en mefme temps on punift feuerement ceux qui n'y auoient pas o-
bei. On fe contenta de luy répondre qu'on donneroit les or-

A ij

dres

ûres necessaires pour faire executer á l'auenir ce decret,
moyennant quoy on pardonnoit á ceux, qui l'auoient violé.
Neantmoins le Conseil de Castille a eu si peu d'égard á ce-
te derniere, & si precise resolution, que le mesme stile defen-
du par le decret est demeuré en pratique jusques à present, &
tous les actes, qui ne sont point expediez pour le Portugal,
reuestus des sceaux chargez des armes de ce Royaume.

De l'vsurpation du nom, le Roy Catholique a passé à celle de la souueraineté, qu'il pretend encore exercer dans vos
Estats, en donnãt à D. Pedro de Menezes la qualité de Duc
de Caminha. Acte d'autant plus extraordinaire, que ce Du-
ché de Caminha estant situé en Portugal, & ayant esté con-
fisqué sur D. Louis de Menezes condamné à mort, & execu-
té en 1642. auec D. Miguel de Menezes Marquis de Villa-
Real son pere, pour auoir conspiré côtre la personne du Roy
D. Iean, le dit D. Pedro de Menezes leur heritier pretendu e-
stoit venu en Portugal incontinant apres la paix de 1668.
pour demander les biens de la dite succession. Mais ayant luy
mesme reconnû l'injustice de la pretention, il auroit eu re-
cours à la Reyne de Castille, qui ne fit pas difficulté de recõ-
pẽser en sa personne, par vne vsurpation sur le traité de paix,
le seruice que ses ancestres auoient voulu rendre à la Couronne de Castille, par vne action si odieuse à tous les Potentats.

Si le Roy de Castille a ainsi disposé d'vne autorité qui ne
luy appartenoit pas, il n'a pas gardé plus de mesures en rete-
nant entre ses mains ce qu'il deuoit restituer, & l'article 8.
du traité de paix, qui porte formellement vne obligation reciproque aux deux Roys, de rendre aux suiets de l'vne, &
de l'autre Couronne, tous les biens dont ils auoient esté
dépouillez à l'occasion de la guerre, n'a pû l'engager à remettre la maison de Medina Sidonia, en possession de S. Lu-
car; refusant à vostre propre maison vne justice, que vous
auiez stipulée pour le moindre de vos sujets.

V. A.

V. A. en fit faire des plaintes par le Marquis de Gouea, qui n'en eût d'autre satisfaction, que d'apprendre de la bouche des Ministres du Roy de Castille, qu'apres auoir fait examiner cette affaire dans ses Conseils, & particulierement dans celuy de Conscience, l'on y auoit determiné vnanimement, que cette restitution ne pouuoit estre comprise dans ledit article du traité de paix.

Tribunaux dont on ne connoist point la Iurisprudence dans les autres Estats de l'Europe, & qui apparemment ont establi les maximes, suiuant lesquelles on a condamné à mort, Ioaõ Gil Pelamino Saauedra côtre la teneur du mesme article, qui porte formellement vne abolition generale; & contre le droit d'hospitalité Francois de Vtra, Manoel de Souza, & Michel Iaques, maistres de nauires Portugais qu'vne tempeste auoit fait tomber entre leurs mains.

Où est donc, Seigneur, l'execution d'vn traité que V. A. obserue si religieusement. Le nom de Roy ? la Castille le retient. L'autorité souueraine ? elle l'exerce. La seureté des biens de vos amys ? elle se trouue dans les côfiscations. Celle des personnes de vos sujets ? elle se trouue dans les prisons de Castille. La paix a cependant produit vn grand changement dans les affaires des deux Couronnes : ceux qui fuyoiët deuant vos Generaux ont armé tout Madrid contre vostre Ambassadeur, & ceux qui publioient vouloir reduire vôtre maison par la guerre, & la force ouuerte, ont juré dans le cabinet de l'exterminer par la tranquillité d'vne profonde paix.

On veid a Madrid le 27. de Septembre 1673. la maison de l'Ambassadeur de V. A. inuestie, attaquée à coups de pierres, & enfin embrasée, sous la conduite d'vn Magistrat, qui la deuoit assurer contre toutes ces sortes d'insultes, suiuant le droit des gens. On y veid par vn si extraordinaire attentat la majesté d'vn Prince souuerain avilie, & son autorité anneantie dans l'outrage fait à sa personne, en celle de son

A iij

Mi-

Miniftre, & d'vn tel Miniftre. L'Europe a fçeu la fatif-
faction qui jufques à prefent a efté faite pour vne fi grande
infulte.

Sans recourir aux exemples anciens pour faire voir
combien vne guerre entreprife feulement pour vn tel outrage paroiftroit jufte , & glorieufe : Il fuffit de fe re-
metre deuant les yeux tout ce qui s'eft paffé de nos
jours à Rome au fujet de l'affaire du Duc de Crequy
Ambaffadeur de France , pour apprendre qu'auffytoft
que le Roy tres Chreftien en fut informé , il fit donner des
ordres au Nonce refident auprés de fa perfonne de quitter
inceffamment le fejour de Paris , pour fe retirer dans vne
Ville qu'on luy nomma, fous pretexte d'euiter les violences du peuple contre fa perfonne, & celle de fes domefti-
ques : que fur les difficultez qu'il fit de partir fi precipita-
ment, on paffa jufques à luy donner à connoiftre que fa
refiftance obligeroit le Roy à y pouruoir par fon autorité :
que le Roy tres Chreftien fe refolut a fe rendre maiftre de
l'Eftat d'Auignon, quoyqu'apartenant á l'Eglife ; à faire la
guerre au Souuerain Pontife fans qu'il y eût aucun Prince
Chreftien qui ne trouuât fon procedé infiniment jufte : &
enfin a porter les chofes à la derniere extremité , fi le traité de Pife n'eût arrefté les effets d'vne fi jufte indigna-
tion , en faifant donner des fatisfactions par le Chef de
l'Eglife à fon fils Aifné , qui pour tout autre fujet que
ce pût eftre, n'auroient pas eu vn applaudiffement fi general.

Toute l'Europe les a fceües grauées à Rome fur le
marbre , attachées à vne Pyramide éleuée pour vn fi
grand attentat , & qui fubfifteroit encore, fi l'amitié
& l'eftime particuliere du Roy tres Chreftien pour le S.
Pape Clement IX. jointes à fes inftances, n'en auoient obte-
nu la demolition.

C'eft par vne telle conduite que le Roy de France
a meri-

a merité vne eſtime générale, puiſque la juſtice qu'il s'eſt fait rendre ayant eſté encore plus publique que l'offenſe, il a donné à la poſterité, & à tous les autres Potentats, vn exemple glorieux, & infiniment digne d'eſtre imité.

Pourquoy n'en diroit on pas autant de V. A. pourquoy faut il que l'on publie que voſtre Ambaſſadeur a receu des ſatisfactions particulieres pour l'inſulte qu'il a ſouffert à Madrid ? & pourquoy ſont elles ignorées de tout le monde hors de luy ſeul ?

C'eſt à Voſtre Alteſſe à en rendre raiſon à toute l'Europe, qui admire également voſtre patience, & la temerité des Caſtillans. Pour voſtre patience, Seigneur, on la peut croire vn ſecret impenetrable de voſtre prudence Royale ; mais pour l'inſolence des Caſtillans a l'égard de voſtre Ambaſſadeur : Permettez moy, Seigneur, d'en eſtre vn peu moins ſurpris que le reſte de l'Europe. Les Caſtillans ont peuteſtre crû que le Marquis de Gouea eſtoit venu à Madrid auec les meſmes inſtructions qu'ils auoient données à Batteuillé, & Vmanés. Batteuille, & Vmanés, que l'on deuroit pluſtoſt appeller miniſtres du vieux Prince de la Montagne, qu'Ambaſſadeurs du Roy Catholique ; puiſqu'ils ſont venus icy pour conſpirer contre l'Eſtat & contre la vie de V. A. & pour reuolter des ſujets contre leur ſouuerain (comme en effet ils auoient trop fatalement reuſſy dans la perſonne de ceux que la bonté de V. A. n'a pû ſouſtraire à la juſtice deüe à l'intereſt de ſon Royaume) & apparemment ſur beaucoup d'autres, dont peut eſtre V. A. aura meſme voulu ignorer les noms, pour pratiquer 2. vne generoſité qui n'a eſté conneüe que des heros.

Ils ont tout tenté pour violer l'autorité de l'Egliſe, 3. renuerſer 4. les loix fondamentales de voſtre Eſtat, eſteindre la ſucceſſion de V. A. dans ſon propre ſang Royal, & celuy de l'Infante, & enfin entaſſer crimes ſur crimes pour s'aſſeurer le recouurement du Portugal.

A iiij

Apres

2 Illa fuit vera & incomparabilis inuicti animi ſublimitas ; captis apud Pharſaliá Pompeij magni ſcrinijs epiſtolarum, iterumque apud Tapſum Scipionis, ea optima concreſſe maſſe fide arque non legiſſe. Plin. in laud. Cæſaris lib. 7.

3 En voulant rompre le mariage de V. A. fait, & confirmé par l'autorité du Pape,

4 Par le rétabliſſement ſur le throne du Roy Alfonſe, contre les deliberations des Eſtats, & non-obſtát ſon incapacité.

Apres cela, Seigneur, oserois-je demander a V. A. si ce scrupule de consciéce duquel on pretend se seruir pour la tenir desarmée, ne reueille pas ces grands sentimens de la justice qu'elle se doit, & à ses Estats ? Ouy, Seigneur, je l'oserois, & mesme peuteftre asurer V. A. qu'elle est obligée à écouter ce genereux, & legitime scrupule de conscience; c'est à dire cette fermeté du feu Roy vostre pere, pour la defense de la mesme justice, que V. A. doit rendre à son Estat; pour la conseruation de sa reputation, de sa Couronne, & de sa propre personne.

Ce sont ces interests si sacrez, qui ne permettant pas a V. A. de differer dauantage (puisqu'elle est responsable des maux qui peuuent arriuer d'vn tel retardement) ne luy laissent d'autre party, que d'obliger la Castille par la force des armes à donner satisfaction entiere des insultes receuës, & a consentir à vne paix, qui mette le Portugal dans vne seureté dont on ne puisse aprehender l'alteration.

Voila, Seigneur, ce que la justice demäde de V. A. voyons ce que le bien general de vostre Estat peut exiger.

Tous les Princes, qui embrassent la paix, y sont portez par les auantages effectifs, & reels, qu'ils pretendent en tirer, ou y sont forcez par la necessité, ou la foiblesse, & l'impuissance les réduisent.

Suiuant ce premier principe, je ne pretens pas proposer a V. A. de faire la guerre par la vanité de la reputation, ny par l'ambition d'acroistre les limites de vostre Monarchie, qui sont les veües ordinaires dans lesquelles les Princes s'engagent à prendre les armes. Mon intention est que le Portugal puisse tirer de la paix les mesmes auantages dont on le flatte, & qu'on obtienne le changement d'vne paix fausse, & captieuse, en vne paix veritable, & seure, ce qui ne se peut, que par la declaration de la guerre.

Pour

Pour juſtifier que la paix faite en 1668. n'eſt pas vne paix pour nous, mais vne pure illuſion, auec laquelle la Caſtille couure cette haine inueterée de ſa nation contre la nôtre, & le deſir inſatiable de nôtre ruine, & de nôtre conqueſte.

Ie demande qu'elle vtilité voſtre Eſtat à tirée de cette pretendüe paix depuis huit ans que l'on en parle, & qu'on en voit le nom imprimé dans vn traité, n'a t'il pas tousjours les meſmes ennemis à combattre ? & dautant plus à craindre, qu'il eſt obligé à ſe defendre en meſme temps de leurs armes, & de leurs artifices. Tout le monde cherche cette paix, mais on eſt encore à la trouuer ; & ſi les peuples l'ont ſouhaitée, c'eſt qu'ils eſperoient embraſſer vne diuinité. Mais ce n'a eſté qu'vne nüée qui s'eſt diſſipée en éclairs, & en coups de tonnerre.

Et qu'on n'objecte pas que la paix eſt le plus doux des fruits, mais qu'il n'eſt pas encores aſſez meur pour le goûter. Il n'y en a point dans la nature qui exige huit années pour ſa parfaite maturité, en effet ce n'eſt pas bien connoiſtre la nature de la paix, que dela mettre au nombre des fruits qui demandent du temps pour eſtre bons. La paix eſt vn fruit meur dés ſa naiſſance, auſſy bien que l'oliue (qui en eſt le ſimbole le plus ordinaire) dés ſa premiere verdeur.

Mais ſi nous ne connoiſſons pas les fruits de cette pretendue paix : il n'en eſt pas de meſme de nos ennemis, puisqu'elle leur a donné lieu de trauailler en tant de manieres à noſtre perte : Et ce que la Poſterité ne pourra pas croire, de l'auoir fait impunément, parceque Voſtre Alteſſe n'aura pas voulu rompre cette paix que nous conſeruons ſi ſoigneuſement, & que les Caſtillans entretiennent preſentement auec tant de meſures, & de proteſtations d'amitié : Paix

A v

qui

qui n'eſt que trop veritable pour eux, puiſque nous ceſſons de vaincre, & qu'elle oſte à Voſtre Alteſſe la matiere de ſes triomphes.

En effet ſi Voſtre Alteſſe veut ſçauoir qui joüit veritablement de cette paix, examinez leur conduite, conſultez l'eſprit de leurs Miniſtres, étudiez les moyens dont ils ſe ſont ſeruis pour la conclure, & les nullitez eſſentielles qu'ils ont affecté d'y introduire, afin d'auoir toujours la porte ouuerte pour reclamer, & attendre cependant l'occaſion de nous remettre dans les fers par force, ou par adreſſe.

C'eſt le plus grand trait de leur politique, & vn miſtere qui nous a eſté découuert par les auis du Duc de Medina de las Torres, du Marquis de Caſtel Rodrigo, & du Comte de Reboledo. Ces Miniſtres repreſenterent au Roy Catholique, & à ceux qui gouuernoient l'Eſtat pendant ſa minorité que ſa Monarchie étoit ſur le point de ſa deſtruction totale par les puiſſans efforts du Roy tres Chreſtien en Flandres, & les bleſſures mortelles, que les armes victorieuſes de Portugal portoient dans le cœur de ſes Eſtats : Que cette puiſſance de Caſtille autrefois ſi redoutable ſe voyoit ſans troupes, ſans chefs, ſans argent, ſans amis, ny alliez qui vouluſſent luy tendre la main pour la ſauuer du naufrage : qu'ainſy dans ces circonſtances ils ne reconnoiſſoient qu'vn remede à ces maux, qui étoit la paix auec le Portugal ; que cette paix le deſuniſſant d'auec la France, en rendroit auec le temps la conqueſte beaucoup plus facile, qu'elle augmenteroit la communication de la Caſtille auec le Portugal, & ainſy donneroit lieu à des intelligences nouuelles, & à entreprendre les choſes les plus difficiles : que par cette paix la confiance naturelle ne manqueroit pas de porter la nation Portugaiſe à s'abandoner à l'oiſiueté, & à vne lethargie ; les ſoldats ſe diſſiperoient, on diſcontinueroit l'exercice.

xercice des armes ; & les officiers eſtant conſommez peu à
peu par le temps, le Royaume demeureroit abſolument
enerué,& deſtitué de tout ce qui pourroit en empeſcher la
conqueſte : Que quand (par vne impoſſibilité morale) tout
cela manqueroit, nous nous ferions la guerre à nous meſmes, par les mécontentemens, l'enuie, & la deſunion qui ſe
gliſſent dans l'oiſiueté des plus grands Eſtats.

Ce conſeil donné par des Miniſtres fideles à la Caſtille, & éclairez pour la perte du Portugal, l'emporta ſur
le ſentiment de pluſieurs autres : On reſolut de faire la
paix, & on en vint á bout. Ainſy les Caſtillans vaincus
impoſerent la loy aux Portugais victorieux, en les en-
gageant à accepter vn traité compoſé de 13. articles
digerez, & reglez à Madrid ; ſans que perſonne y ſoû-
tint nos intereſts : au lieu que ceux de nos ennemis ont 5
eſté ménagez auec tant d'adreſſe, qu'ils ſe ſont diſpen-
ſez de ſouſcrire à vne renonciation formelle à leurs pretentions ſur le Portugal. Renonciation dont ils ne peuuent
auoir oublié 6 l'vſage, & le ſtile, & ſans laquelle le Roy
de Caſtille eſpere demeurer dans tous ſes droits, & ſe
ſeruir vn jour de la qualité de Roy des Eſpagnes, qu'il
s'eſt reſeruée dans le pouuoir du Marquis d'Eliche,
Plenipotentiaire pour la ſignature dudit traité, comme
d'vn titre authentique pour ſoûtenir ſes injuſtes pretentions, & reclamer dans vne conjoncture fauorable
contre tout ce qui pourroit auoir eſté fait pendant le temps
de ſa minorité.

En effet ne ſçait on pas (que pour donner vn fondement plus apparent de juſtice, & de religion à ce qu'on ne
doutoit pas qui ne deût arriuer vn jour) on conſulta les
Vniuerſitez de Caſtille ſur le projet de la paix, & qu'elles jugerent qu'il laiſſeroit le droit du Roy dans ſa force, & en eſtat d'eſtre employé au recouurement du Portugal toutes les fois que l'occaſion s'en preſenteroit, ſans que
ce

7 La Reyne n'en eſtāt pas l'arbitre, ny la maiſtreſſe, n'en pouuoit pas diſpoſer d'elle meſme pendāt ſa Regence.

Bouclier d'Eſtat.

ce traité y aportāt aucun obſtacle. Il ne faut point douter que les politiques Eſpagnols ne ſoient tombez dans les ſentimens des Vniuerſitez, & qu'ils n'ayent creû que la Reyne de Caſtille 7 en qualité de Tutrice ne pouuoit diſpoſer du bien de ſon pupille, ny donner pouuoir au Marquis d'Eliche de ceder vn grand Royaume dont les Roys Catholiques auoient joüy paiſiblement pendant 60. ans, ainſy ils n'ont pas fait difficulté de conclure ce traité, & n'en feront gueres plus de le rompre : Le Roy d'Angleterre mediateur ne s'eſtant pas obligé d'en maintenir l'execution par les armes, ainſy qu'on l'a ſtipulé dans tous les traitez qui ont eſté ſcellez par vne ſincerité reciproque.

De toutes leſquelles choſes on doit conclure, que cette paix n'étant qu'vne fiction, nous ne deuons pas heſiter à chercher noſtre ſeureté dans la conjončture preſente, en mettant la Caſtille hors d'eſtat de nous pouuoir faire la guerre, & de ſe ſeruir de la force, & de l'adreſſe pour nous ôter noſtre liberté vne ſeconde fois. Et ſi les Caſtillans conſeſſent dans leurs écrits, & dans des aſſembleés particulieres, que noſtre conqueſte eſt reſoluë, & imprimée dans leurs cœurs, ſi toute l'Europe en eſt conuaincuë : ne ſeroit ce pas pluſtoſt vne fatalité qu'vne diſgrace, d'eſtre les ſeuls qui ne puſſions nous en perſuader ? & qui apres tant d'éclairciſſemens vouluſſions nous aueugler juſques au point d'eſtre nous meſmes les deſtručteurs de noſtre Monarchie, & de nos familles ?

8 Cheruſci nimiā ac mareſcētem diu pacem illaceſſiti nutrieruāt, idque jucundius quam tutiusfuit : Ira qui olim boni æquique Cheruſci, nunc inertesac ſtulti vocantur : Cattis victoribus fortuna in ſapientiam ceſſit.

Tacit. des mœurs des Allemans.

8 Semblables à vne nation illuſtre d'Allemagne qui ſous pretexte de n'eſtre pas attaquée de ſes voiſins, preferant la douceur d'vne paix preſente à vne ſeureté bien établie par la guerre, connut, mais trop tard, que la paix eſtoit cauſe de ſa perte ; ainſy des peuples dont la reputation auoit eſté tres grande, eurent le déplaiſir d'eſtre traitez

dans

dans la fuite de lâches, & de fots ; & au contraire l'a-
ctiuité heureufe de leurs voifins , & la profperité de
leurs armes , furent regardées comme vn effet de leur
fageffe.

Ce ne font donc plus les auantages de la paix qui nous
la font embraffer , ainfy il ne refte qu'à voir, fi nôtre foi-
bleffe eft fi grande, qu'elle nous doiue forcer à fubir vne fi
rigoureufe loy.

Comment pouroit-on infifter fur vne propofition fi
éloignée de la verité ? nous auons actuellement fur pied
la moitié des forces qui feroient neceffaires pour vne guerre offenfiue , & dont la plufpart ayant efté compofée de
l'élite des troupes lors du licentiement qu'on fit à la paix ;
on peut dire que les recrües , jointes à ces vieilles ban-
des , formeroient des corps d'armée formidables à nos
ennemis , par la valeur , le nombre , & la reputation ; aufquels ils n'auroient à oppofer que des hommes entraifnez à la guerre , chargez de chaifnes , &
qui ne pouroient pas refifter à des foldats qui fe fou-
uiennent encore des dernieres victoires qu'ils ont rempor-
tées.

V. A. par la fage œconomie , de fes Miniftres , a affer-
my, & augmenté fes reuenus depuis la paix , dont vne
partie confiderable s'employe à mettre tous les ans à la mer
vn nombre de vaiffeaux capables de ruiner abfolument le
commerce des Caftillans , d'enleuer leurs flottes , & di-
uertir leurs forces en Efpagne , par la jaloufie que nous
pouuons donner à toutes les places de leur domination
fur l'Ocean , & la Mediterranée ; & fi ces forces mariti-
mes ne répondoient pas pleinement aux grandes efperan-
ces qu'on en peut conceuoir, V. A. a le choix d'en deftiner
les fonds à ce qu'elle jugera à propos, afin d'en tirer vne vtilité plus prefente.

Elle aura le mefme droit dappliquer aux vfages plus
preffans.

preſſans les deux plus beaux fonds de ſa Monarchie; je veux dire ſes liberalitez, & les cœurs de ſes ſujets. Les liberalitez de Voſtre Alteſſe, qui ſont des effets de ſa pure generoſité, pourront ſoûtenir vne partie de la dépenſe des armées, & les officiers, & ſoldats, quoy-qu'augmentez en nombre, ne laiſſeront pas de trouuer amplement la recompenſe de leurs trauaux; ſi l'on ſe ſert de ces ſources que vous épuiſez tous les jours en bien-faits; & dont il ne faut pas aprehender de détourner le cours pour quelque temps, afin de le groſſir, par la tranquil-lité, & la richeſſe d'vne paix perpetuelle, qui eſt le but, & la fin aſſeurée de vos armes. Pour les cœurs de vos ſujets, ce ſont les veritables fonds qui ont toujours eſté inalienables, & inépuiſables depuis la naiſſance de la Monarchie Portugaiſe, particulierement dans les en-trepriſes pour la Majeſté de l'Eſtat; comme l'ont ex-perimenté, entre tous les autres, les deux Princes Iean I. 9 & Iean IV. 10 reſtaurateurs de la Monarchie. Vo-ſtre Alteſſe n'a pas eû juſques à preſent de moindres té-moignages de la tendreſſe Portugaiſe, que ces deux grands Princes, & par conſequēt ne s'en doit pas promettre de mo-indres aſſiſtances.

Nous pouuons encore joindre à ces fonds cette ſeure reſource que nous auons toujours trouuée dans la fidelité de nos amis, qui ne manqueront pas de nous ſecourir auec le meſme deſintereſſement, que nous auons reconnu en eux dans nos temps les plus difficiles.

Enfin, Seigneur, pour connoiſtre parfaitement ce que nous pouuons attendre de nos forces, il faut auſſy examiner celles qu'on nous peut oppoſer, & apres auoir fait vn détail exact de leur difference preſente, d'auec ce qu'elles étoient quand nous les auons vaincües, c'eſt ſe vou-loir aueugler que de ne pas enuiſager pour nous vne victoire quaſi aſſurée par la declaration de la guerre.

Tous

9 Fils baſtard du Roy de Portugal D. Pedro éleu Roy en 1385. au prejudice de Beatrix femme de Ieã premier Roy de Caſtille ſeule Fille du Roy de Por-tugal D. Fer-nando Fils le-gitime du Roy D. Pedro.

10 Rétabli ſur le thrône de Portugal, en 1640. apres vne vſurpation de 60. ans ſur ſes Anceſtres, faite par les Roys de Ca-ſtille.

Tous ces raiſonnemens pleins de juſtice, & de zele, pour
la grandeur de V.A. & le bien de ſon Eſtat, ne peuuent eſtre
combattus que par vne ſeule raiſon ; qu'il eſt hors de ſaiſon
de parler de guerre contre vn Prince à qui V.A. a fait offrir
ſa mediation ; la difficulté eſt grande , puiſqu'elle eſt la
plus conſiderable que l'on trouue, dans vne entrepriſe auſſy
importante que celle dont il s'agit ; ainſy il faut, Seigneur,
entrer dans vn détail le plus exact, & le plus ſcrupuleux que
la prudence, & la religion puiſſent penetrer.

Voſtre Alteſſe a fait offrir ſa mediation à la Caſtille
c'eſt à dire qu'elle a témoigné eſtre touchée des malheurs
de la Chrêtienté, qu'elle eſt non ſeulement preſte d'oublier
pour jamais les outrages faits à ſa dignité, & à ſa perſonne.
Mais de viure auec le Roy de Caſtille en bon frere, & en bon
voiſin ; & (ce qui ſurprend toute l'Europe) de tendre la
main à cette Monarchie affligée, pour releuer vne puiſſance qui ſera toujours redoutable à vos Eſtats , pour ne rien
dire de plus. C'eſt ſi je ne me trompe ce que ce mot de mediation peut ſignifier a vôtre égard, & à celuy de Caſtille,
& ce que Voſtre Alteſſe pretend quand elle offre ſa mediation. Mais, Seigneur, ce n'eſt pas tout cequ'elle doit pre-
tendre. Il eſt vray qu'elle ſatisfait par ces explications au
deuoir de Prince Chreſtié, aux inclinatiõs de Prince magnanime, & au deuoir de Prince qui croit, que le droit des gens ne
cõnoit point de differẽce entre les noms de voiſin, & d'amy.
Mais dans ces grãdes veües qui s'étendent par toute l'Europe, n'y aura-t'il pas vn clin d'œil pour le Portugal? Eſtce aſſez pour ſaſeureté que vous ſoyez Prince Chreſtien ? que
vous ſoyez magnanime, & que vous ſoyez bon voiſin? Non,
Seigneur , Il faut de plus vne declaration nette, preciſe,
& garentie par toute l'Europe , que le Portugal , & la Caſtille ſont deux Couronnes auſſy indepẽdantes l'vne de l'autre, que la France , & la Caſtille. A la verité vous en auez
vne aſſez authentique dans le traité de paix de 1668.

pour

pour mettre à couuert la gloire du Portugal, & la confcience de ceux qui ont foûtenu les droits de vôtre maifon. Mais il y manque ce quil faut pour trancher ce nœud de fineffes politiques qui rafinent fur tous les traitez. Il y manque ce qu'il faut pour conuaincre, non pas le Confeil, mais le peuple de Caftille, que toutes les guerres qui fe feront pour la Conquefte du Portugal, feront des attentats, des injuftices, & des vfurpations. Voftre traité eft plein de bonne foy de voftre part, & de fubtilité de la part des Caftillans; Il y a long temps que l'on s'en apperçoit. Or par la mediation V. A. auoit trouué vn expedient amiable, & jufte pour fupléer à toutes les omiffions que les politiques appellent des manquemens effentiels. C'eft dans cette celebre affemblée de Nimegue, qui attire les yeux de toute la Chrétienté que vos Ambaffadeurs euffent receu auec vne juftice entiere, & vn contentement indicible de vos alliez, cette congratulation publique de voftre rétabliffement au thrône de vos anceftres; & ce que l'on vous a difputé tãt d'années vous eût efté deferé auec joye par tous les Princes de l'Europe, & maintenu par leurs forces.

Les Caftillans l'ont bien reconnu, quand ils vous ont fermé cette porte, qui conduit au temple de la paix, par des démarches que je fuplie tres humblement V. A. d'examiner.

Le Confeil de V. A. receut auec vn grand applaudiffemẽt, la communication qu'il luy pleut donner de fon deffein, touchant la mediation; & perfonne ne pût refufer fon fuffrage, & fon approbatiõ à vne penfée fi vtile, & fi glorieufe à l'Eftat. Ainfy elle fut offerte le 3. Aouft 1676. aux Roys de Frãce, & de Caftille, & aux Eftats generaux, par des dépefches ŷ vôtre Secretaire d'Eftat remit entre les mains de leurs miniftres. V. A. en fit auffy donner part au Nonce du Pape, & au Refidẽt d'Angleterre, leurs maiftres ayant defia efté aceptez pour mediateurs. Tous ces Miniftres n'hefiterent

pas

pas de témoigner vne joye extréme de vôtre propofition
comme étant fort vtile à leurs maiftres, & côforme à leur zele pour le repos de la Chretienté. Le feul Enuoyé de Caftille eur des fentimens differens, & fi quelque reflexion l'obligea à changer l'étonnement, qu'il auoit fait paroiftre , lors
que le Secretaire d'Eftat luy remit la dépefche entre les
mains , en vne efpece de joye pour ce témoignage d'amitié
que V. A. donnoit à fon Maiftre ; vne feconde reflexion
plus forte que la premiere, & apparemment plus conforme à
fes inftructions generales, l'obligea dés le lendemain , à ne
plus parler en termes fi pofitifs , & à dire à vôtre Secretaire d'Eftat qu'il feroit fort difficile que le Roy Catholique peût rendre vne réponfe , fans l'auis de fes
alliez.

C'eft la, Seigneur, la premiere démarche faite au nom de
la Caftille, qui a bien juftifié qu'elle ne croyoit pas V. A. en
état de fonger à des refolutions fi glorieufes.

Le 15. Octobre l'Eauoyé de Caftille prefenta à V. A.
vne lettre du Roy fon maiftre ; & vous auiez lieu de croire,
que ce feroit vne acceptation formelle. Neantmoins elle
ne contenoit que des affurances vagues d'vne difpofition
a accepter voftre mediation ; & mefme qu'auant de s'en
expliquer plus pofitivement il auoit dépefché à tous fes
alliez pour fçauoir leur fentiment, fuiuant la ftipu-
lation expreffe appofée dans le traité de ligue fait en-
tr'eux, & la maniere dont il en auoit vfé, lors que le
Pape, & le Roy d'Angleterre, auoient offert leur mediation. Raifon veritable, ou pretexte fpecieux. Mais
falloit il deux mois & demy, pour fe mettre en lumie-
re ? A moins que de ne vouloir pas profiter du peu
de diftance, qu'il y a de Lisbonne à Madrid. Peut eftre
auffy l'auroit on encore referué pour vne meilleure
occafion , fi le Miniftre de Caftille n'auoit appris ,
que le Roy tres Chrétien s'eftoit déja expliqué fa-
uora-

uorablement pour cette mediation.

Deux mois & demy apres V. A. n'entendant aucune nou-
uelle de cette communication, se resolut de faire dire à l'Enuoyé de Castille que vous auiez offert vostre mediation
il y auoit cinq mois, & que neantmoins vous n'auiez receu aucune réponse positiue, quoy que ce fut vn temps
plus que suffisant pour auoir plusieurs auis des lieux
de l'Europe les plus reculez. Sa réponse fut pleine de
ces assurances d'amitié, & de bonne intelligence, à
l'ombre desquelles s'étoit tramée la conjuration ; il ajou-
ta seulement ne pas douter que Vostre Altesse ne re-
ceût dans peu de temps la réponse positiue qu'elle
attendoit, parcequ'il auoit esté informé de la communication qui s'estoit faite sur cette matiere entre les
alliez.

On pressa de mesme le Resident de Hollande, sa réponse
fut à peu pres semblable, & on s'y attendoit bien.

Cependant, Seigneur, il y a pres de deux autres mois qu'on
à flatté V. A. de cette vaine esperance : on aprend que les
Plenipotentiaires sont arriuez à Nimegue, que les prelimi-
naires du traité sont déja reglez par le soin des mediateurs:
& je ne doute pas que dans le moment present, on ne
soit dans la discussion entiere des interests differens.
Ainsy Vostre Altesse perd le fruit de cette mediation, dont
le projet auoit esté receu dans vostre Royaume, auec vn ap-
plaudissement si general des peuples, quoyqu'auec des sentimens bien differens. Les veritables Portugais l'auoient en-
uisagé de mesme que V. A. & ses Ministres ; les tributaires
de la Couronne de Castille comme pouuant seruir plus que
chose du monde à entretenir Vostre Altesse dans vne
incertitude qui la mist hors d'estat de prendre aucune resolution de vigueur, & de justice ; se flattans de differer si fort vne réponse positiue ; sur l'acceptation,
ou sur le refus, par des retardemens affectez, ou par

les

les difficultez qu'ils feroient naiſtre de la part de leurs alliez, qu'on donnât temps aux Plenipotentiaires, de mettre le traité hors d'eſtat d'admettre vn nouueau mediateur.

C'eſt la, Seigneur, vn effet de leurs lumieres, dont nous ne reſſenrons que trop la verité, comme de celles d'vn des Miniſtres de Voſtre Alteſſe, qui n'a pas heſité de blâmer ſeul les vœux publics, & de declamer auec emportement contre la propoſition de la mediation, meſme juſques a la traiter de folie ; & s'il a debité ſon ſentiment plus publiquement que les adorateurs de la Caſtille, c'eſt qu'il ſçauoit mieux que perſonne les moyens ſeurs qu'auoit le Roy Catholique, pour en faire échoüer l'execution, connoiſſant parfaitement le ſecret de ſa conduite à l'égard du Royaume de Portugal.

Ie pourrois finir icy, Seigneur, & dire à Voſtre Alteſſe, que je crois luy auoir repreſenté les principales raiſons, qui meritent d'eſtre écoutées dans vôtre Conſeil. Mais il eſt difficile, de laiſſer paſſer ſous ſilence certains diſcours, qui s'inſinüent dans voſtre Cour. On dit qu'il eſt vray que le traité fait auec la Caſtille eſt vn piege tendu fort adroitement ; que la chaleur auec laquelle le peuple le demanda n'eſtoit pas ſans vn mouuement étranger : que vôtre Ambaſſadeur a eſté outragé, vôtre perſonne attaquée, vôtre mediation eludée, & qu'il y a peu de loix diuines, & humaines, qui n'ayent eſté violées par les Caſtillans, pendant que le Portugal s'endort à l'ombre de ſes lauriers, & ſous celle d'vn traité. Mais que ce n'eſt pas le temps des reſſentimens, & que le Lion de Caſtille percé de bleſ-ſures mortelles, & reduit aux abois, dans vn eſtat ſi deplorable demande grace à Voſtre Alteſſe, & doit bien pluſtoſt attirer voſtre pitié, que vos armes.

Que

Que 11 ces discours sont touchans, & qu'ils sont de rap-
port à ce langage tenu à Madrid, par lequel on offroit,
il y a quatre ans, les cœurs de Portugal, & ses fer-
uentes prieres pour le secours de la Castille! Mais comme ces prieres n'ont pas esté exaucées du Ciel, autant
que l'on peut juger par les dernieres Campagnes; on
en adresse de semblables à Vostre Altesse pour tenter si
elles n'auront pas plus d'effet. Ie ne sçay si apres cette
bataille 13. funeste pour l'Afrique, & le Portugal, & heu-
reuse pour la seule Castille, nos peres trouuerent dans
le Conseil de Madrid des intercessions aussy pathetiques.
La voix d'vn Roy expirant pour la Chretienté sur des
monceaux de noblesse étendue à ses pieds, les gemisse-
mens de vingt mille hommes couuerts de gloire, & de
sang, deuoient bien attendrir les cœurs des Castillans,&
les disposer a terminer à l'amiable les injustes pretentions qu'ils auoient sur nous. Neantmoins ces voix ne
les fléchirent point, elles les attirerent: & de toutes
les propositions de sa Sainteté, de toutes les remontran-
ces du Portugal, de toutes les decisions des Iurisconsul-
tes, on n'écouta que celle 14 qui établissoit le droit de
Philippe, sur vingt cinq mille hommes, & trente pieces
de Canon.

Voila, Seigneur, comme vne fiere politique ferma
les oreilles à vne juste compassion; & voila comme la
prudence de Vostre Altesse, ne doit pas se laisser vaincre à des mouuemens causez par des malheurs imaginai-
res. La Castille paroit foible, parce qu'elle a la France en teste: Ses forces sont dispersées, & non pas abba-
tuës: Il ne faut pas la croire mourante pour estre trauail-
lée d'vne maladie si volontaire. Sa souuraineté en Flandres,
ses vsurpations en Italie, ses pretentions en Allemagne, &
ses vastes dominations dans les Indes, occupent des
forces, dont les seuls debris feront vn jour bien verser des lar-
mes

…au Portugal , si vne vaine compassion luy fait manquer vne occasion si fauorable. Croyez moy, Seigneur, la Castille , par cette insinuation rampante de sa foiblesse , fait comme ce Geant qui sentant diminuer ses forces par vn long combat, se laissoit tomber comme mort , & apres auoir touché la terre, se releuoir plus fort, & plus terrible. Au lieu de ces imaginations pitoyables , écoutez les auis de l'oracle des Politiques , qui dit sagement, 15 que celuy qui a en teste vn ennemy ambitieux, & puissant, se trompe toujours quand il pretend trouuer sa seureté , dans le repos, & que par tout où les armes peuuent decider, la modestie, & la probité ne sont que les eloges du vainqueur.

Voila les maximes que V. A. doit suiure, & ne pas donner le loisir aux Castillans, de faire vne paix generale pour eux ; & vne guerre eternelle pour vous ; en ramassant leurs forces des quatre coins de l'Europe ; En profitant du grãd nombre d'officiers que la guerre continuelle dans leurs Royaumes , ou dans l'Empire, ne manquera pas de fournir , & en faisant entrer dans leurs interests des puissances qui peuuent trouuer de grands auantages, dans le partage des Estats d'vn Prince qui a des dominations dans les quatre parties du monde.

Je ne touche cecy qu'en passant , quoyque je croye, Seigneur, q̃ vous y deuez faire vne grãde reflexion 16 Des Estats incredules se sont veus à deux doits de leur perte, pour auoir crû ces fortes de ligues impossibles. Pour moy je ne juge plus rien impossible dans vne siecle , qui a pû faire vne liaison si étroite, entre la Castille, & la Hollande. Enfin supposé qu'vne telle jonction ne se puisse faire , il vaut mieux estre obligé de la conseruation de vos Estats à vostre prudence, qu'à la bonne foy de vos ennemis.

Vous preuiendrez seurement tous ces malheurs en portant vos armes victorieuses sur leurs terres. Car il ne faut pas se flatter que la guerre , ou la paix soient à vôtre choix. La

guerre

15 Quia inter impotentes, & validos falso quiescas : vbᵉ manu agitur modestia ac probitas nomina superioris sunt. Tacite des mœurs des Allemans.

16 Venise par la ligue de Cambray en 1508.

guerre est certaine à present, ou dans la suite des temps, soit que nous la declarions, ou nos ennemis. Ainsi V. A. n'a qu'à choisir ce qui luy paroist plus conuenable à sa reputatió & au succés de cette mesme guerre, de l'auoir chez nous, ou de la porter chez nos ennemis : de l'entreprendre seuls ou soûtenus par les armes de plusieurs Princes ; de la faire cótre vn ennemy dont les forces sont partagées, ou lorsqu'elles seront vnies : De la faire lorsqu'il est abbatu, ou quand il sera puissant : De la faire auec vne seureté morale de la victoire, ou auec l'incertitude, qui accompagnera dans vne autre conjoncture, le sort des armes : De la faire pendant vn fort long temps, ou pour fort peu ; puisqu' estant entreprise à la veille de la paix vniuerselle, il est impossible qu'elle dure beaucoup : Et enfin de changer vn estat incertain en vn autre fort asseuré, par le moyen duquel V. A. se procurera, aux yeux de toute l' Europe, la juste satisfaction des insultes qu' elle a dissimulé jusques à present, rétablira l'honneur de la nation Portugaise, & rendra à son Royaume vn repos seur, & la mesme abondance dont il se souuient encore d'auoir joüy pendant la guerre, & qu'il auoit si vainement espeté de voir continuer dans la paix.

Voila, Seigneur, ce que je prens la liberté de representer à V. A. auec vne confiance entiere, que si les euenemens de la guerre répondent à mes souhaits, V. A. & son Royaume en ressentiront des auantages considerables ; mais que si mes vœux ne sont pas pleinement exaucez, au moins mon zele, & l'amour que j'ay pour V. A. & la conseruation de sa Couronne Royale, autoriseront la sincerité, auec laquelle je luy ay dit mes sentimens, dans vn rencontre si important au Portugal.